Robert Quinche
Eugen Bossard

Wildsalate Wildgemüse

Gesundes aus dem Garten der Natur

Umschlag und 40 Zeichnungen
von Marta Seitz, Zürich

Ott Verlag Thun

ISBN 3-7225-6714-9

Printed in Switzerland
Satz und Druck: Ott Verlag AG Thun

Vorwort

Das neue Bändchen «Wildgemüse» ergänzt die hübsche Reihe, in der bereits die Titel «Gewürzkräuter» und «Wildfrüchte» erschienen sind. Es wendet sich wiederum an die vielen Freunde der Natur und die Anhänger natürlicher, gesunder Kost. Mit Vergnügen werden Sie darin blättern, um Neues und Vergessenes zu entdecken: Wildgemüse, Wildsalate – aus Blättern, Blüten, Knospen und Wurzeln.

Zahlreich sind die Befürworter eines solchen Wegweisers:

Da steht zuvorderst die Riesenschar der Konsumenten, denen die Vitalstoffe in der Gesundkost wichtiger sind als Kalorien. Ihre Ernährungsregel lautet: «Weniger, aber gesünder.» Sie wissen, daß biologisch gezogene Gemüse, oder eben Grünes aus dem Garten ohne Grenzen, weniger Wasser, dafür umsomehr Mineralsalze und Vitamine enthalten als schwammige Gemüse aus Intensivkulturen. Für sie zählen nicht volle Schüsseln, sondern Qualität, Aroma und Geschmack.

Dann folgen die ungezählten, ungenannten Einzelgänger, die, jeder auf seine Art, zurück zur Natur gefunden haben, ins Réduit, weg vom Streß der Tage und Wochen. Es sind die Wanderer, Campeure, Freiluftgäste, Radfahrer, Benzinsparer. In ihnen erwacht ein neues Verständnis für die Natur. Sie sind zugleich Hüter und Genießer ihrer Schönheiten, aber auch Nutznießer ihrer reichen Schätze. Sie sammeln, was sie am Wege finden, aus Entdeckerfreude.

Die Bewohner ländlicher Regionen führt das Büchlein zu den Wildgemüsen, die sozusagen vor ihrer Haustüre wachsen. Wertvolle Bereicherung des oft knappen Gemüseangebotes.

Weidmannsheil auf Ihrer Pirsch nach Blättern und Blüten, Glück und Gesundheit mit Ihrer Ernte wünschen Ihnen

Robert Quinche
Eugen Bossard

Eines Tages aber, als ihr Blick in die Berge schweifte, sagte sie zu sich selber:
«Wie wohl müßte es einer Ziege da droben sein. Ja, Ziegen brauchen Raum – und Weite.
Da in den Bergen gibt es Kräuter! Und was für Kräuter: Saftige, gezähnte und gezackte, tausende. Und Blumen, wilde Blumen mit berauschenden, kräftigen Säften.

Frei nach Alphonse Daudet: Die Ziege des Herrn Seguin.

Liebe Leserin, lieber Leser

Mit diesem Büchlein laden wir Sie erneut zu Entdeckerfreuden in die Natur ein, in einen Garten ohne Grenzen, geschmückt mit blumenübersäten Gräserteppichen, mit Zweigen voller Beeren und Früchten – und erst noch mit eßbaren Blättern, Blüten und Wurzeln, in unerschöpflicher Vielfalt. Ein Garten, der Ihnen alles bietet und nichts fordert. Dieser Garten beginnt dort, wo umgrenzte Gärten aufhören, jenseits von Hecken, Häusern und Mauern, und zieht sich über Felder, Wälder und Landschaften, in grenzenlose Weiten.

Sie brauchen keine Gießkanne, keine Gifte, um gegen Schnekken und Unkräuter anzukämpfen. Wanderschuhe genügen, eine Tragtasche zum Ernten – und das Wissen um Was und Wo.

Auch das, das Erkennen der Kräutlein wäre so leicht, hätten wir eine so feine Nase wie die Ziege. Sie, die Feinschmeckerin unter den Haustieren, erschnuppert die duftenden Kräutlein, knabbert sie da und dort und mahlt sie genießerisch zwischen den Zähnen. Sie füttert nicht fleißig wie Kuh und Schaf. Als wählerischer Individualist, capriziös wie eben eine Capra, wählt sie was ihr schmeckt und wohltut. Und bleibt dabei wendig, beweglich und schlank.

Weil uns aber die feine Nase der Ziege fehlt, halten wir uns die reizenden Bilder von Marta Seitz vor Augen, vergleichen Natur und Bild, und pflücken so die genußreiche Ernte.

Gewiß, der Garten ohne Grenzen gehört allen, die darin wandern. Aber nur Kenner, Sie liebe Leserin und lieber Leser dieses Büchleins, vermögen die kleinen Kostbarkeiten zu finden, Wildgemüse, Gesundkost, wie sie nur in der freien Natur wachsen kann.

Wünsche und Ratschläge an die Sammler

Respektieren Sie beim Sammeln Wiesen und fremdes Eigentum, sowie den Pflanzenschutz. (Geschützte Arten sind hier nicht beschrieben.)
Sammeln Sie an Wiesenborden, Waldrändern und Waldlichtungen, die nicht bewirtschaftet und nicht gedüngt werden, fern von Autobahnen, staubigen Straßen und Baustellen.
Sammeln Sie nur Pflanzenteile, die Sie richtig erkennen und mit Maß, das heißt, nicht mehr, als Sie gerade frisch verwerten können. Das Dörren oder Aufbewahren lohnt sich für Wildgemüse nur bei wenigen Arten.
Von weniger häufig vorkommenden Pflanzen zupfen Sie nur einzelne Teile, damit das Weiterwachsen nicht gefährdet wird und eine weitere Ernte in Aussicht steht. Nur von reichlich vorkommenden Arten gräbt man, in der Regel im Herbst, die Wurzeln.
Wildpflanzen welken meistens rascher als Gartengewächse, bleiben aber länger haltbar.
Da sie in der freien Natur häufiger von Insekten und Wildtieren besucht werden, haften oft Eiablagen, Schmutz oder Blütenstaub, besonders an behaarten Blättern. Man wäscht das Sammelgut sofort gründlich und wässert nachher 1–2 Stunden in Essig- oder Salzwasser …
Weiteres über die Zubereitung – und auch Rezepte – lesen Sie auf Seite 91 u. f.

Die Brunnenkresse

Cruciferae, Kreuzblütler

Nasturtium officinale
Cresson des fontaines

Wenn im Frühjahr, bei der Schneeschmelze, Bäche und Bächlein anschwellen und durch die Wiesen plätschern, wird es Zeit, um nach der Brunnenkresse Ausschau zu halten.
An seichten Bachufern und feuchten Wiesen, jedoch nur im sauberen Wasser, wurzelt die Brunnenkresse. Ihre fleischigen, hohlen, saftiggrünen Stengel fluten oft im Wasser und bilden mit den rundlichen, dunkelgrünen, saftigen Blattfiedern ganze Teppiche. An den Blühstengeln, die 15 bis 25 cm hoch wachsen, leuchten die kleinen, weißen Blütentrauben. Die vier Kronblättchen der Blüte sind Merkmal ihrer Verwandschaft zu Senf- und Kohlarten, Rettichen und auch zu den Schaumkräutern, die hier ebenfalls vorgestellt werden. Auch der senfartige, scharfe Geschmack findet sich bei diesen Kreuzblütlern mehr oder weniger ausgeprägt. Ein hoher Gehalt an Vitamin A und C, Spuren von Jod und Mineralsalzen erheben die Brunnenkresse zur Heilpflanze, und auf jeden Fall zu einer äußerst gesunden Frühjahrsdelikatesse.
Brunnenkresse sammeln, das heißt oft, barfuß oder in Wasserstiefeln, die Stengel aus dem kalten Wasser pflücken. Wenn immer möglich verwenden wir Blättchen und Stengel frisch, als Beigabe zu Salaten, geschnitten als Aufstrich auf Butter- und Quarkschnitten, als Dekor auf Fleisch- und Salatteller, zum Würzen von Frühjahrssuppen oder mitgekocht im Spinat.
Im Mai und später, während der Blütezeit, schmecken die Blätter ziemlich scharf. Getrocknet verlieren sie rasch ihr Aroma und die Wirkstoffe.

Der Bachbungen – Ehrenpreis

Rachenblütler

Veronica Beccabunga
Véronique beccabonga

Von den 32 Arten der Ehrenpreisfamilie, die unsere Flora bereichern, ist die Bachbunge weit verbreitet und durch ihren robusten Wuchs markant und auffällig. Als Wasserpflanze behagt es ihr an den Ufern von Bächen, kleinen Wasserläufen, Weihern und Sümpfen. Der fleischige, runde Stengel wächst bis 50 cm, niederliegend, an den Knoten wurzelnd, dann aufsteigend und sich verzweigend. Er trägt die üppigen, saftigen, ovalen Blätter gegenständig. Aus den Blattachseln sprießen die Blühstengelchen mit dem traubenförmigen Blütenstand aus tiefblauen, kleinen Rachenblüten, die bis zum Herbst die Pflanze zieren.
Die Bachbunge wurde früher als Heilpflanze zur Anregung des Stoffwechsels und der Leberfunktionen eingesetzt.
Wie zum Sammeln der Brunnenkresse, riskieren wir ein Fußbad oder schlüpfen in Stiefel. Da an den Wasserpflanzen häufig Eier von Parasiten anhaften, spülen wir das Sammelgut mehrmals sorgfältig.
Als Wildgemüse dienen die jungen Triebe und die Blätter. Sie schmecken etwas bitter und zusammenziehend. Man verwendet sie mit Vorteil gemischt mit anderen Salaten, z. B. Brunnenkresse oder Kopfsalat. Das Würzen mit Zitrone mildert den Bittergeschmack. Im Spinat mitgekocht wirkt das Aroma, bzw. der Geschmack sehr angenehm.

Das Scharbockskraut

Hahnenfußgewächse

Ranunculus ficaria
Renoncule ficaire, Ficaire du printemps

Mit über hundert verschiedenen Arten präsentieren sich die Hahnenfußgewächse in einer außergewöhnlichen Vielfalt an Formen und Farben. Die meisten unter ihnen gehören zur Flora nördlicher Regionen, in der Ebene wie im Gebirge, wo der kleine Gletscherhahnenfuß noch in Höhen über 4000 m als seltener Einsiedler die Gipfelstürmer erfreut.
Aus kleinen Wurzelknollen, die knapp unter dem Boden überwintern, treiben bald nach der Schneeschmelze und einigen Sonnentagen, niederliegende Stengelchen mit unzähligen, eiförmig-rundlichen, saftig-grünen und glänzenden Blättchen, die ganze Teppiche bilden. Nur wenige Tage später erheben sich die Stengel und zeigen ihre goldgelben, glänzenden Blütensterne. Brutknöllchen in den Blattachseln sorgen für die Vermehrung.
Als Vitamin-C-reiche Beigabe zu Frühjahrsgerichten sind die vor der Blüte gesammelten Blättchen seit langem bekannt. Daraus erklärt sich auch der Name Scharbock = Skorbuts-Kraut, das man gegen den berüchtigten Skorbut, die Vitamin-C-Mangelkrankheit der Seefahrer verwendete, lange bevor die Vitamine entdeckt waren. Roh den Frühlingssalaten zugesetzt, kommt der feine säuerliche Geschmack und das Vitamin C am besten zur Wirkung.
Die Brutknöllchen, die nach dem Verblühen am Boden liegen, sowie die Blütenknospen, lassen sich, in Essig eingelegt, wie Kapern gebrauchen. Ältere Blätter schmecken widerlich und scharf und sollen nicht mehr gegessen werden.

Das Wiesenschaumkraut Kreuzblütler
Cardamine pratensis
Cardamine des prés

April. Von Tag zu Tag grünen und wachsen die Wiesenteppiche. Aus Wildhecken und Waldrändern leuchten die weißen Blüten des Schwarzdorns, riesigen Brautsträußen gleich. Gänseblümchen und Schlüsselblumen blühen überall. Da und dort mischt sich ein zartes Violett in das Grün der Wiesen und Obstgärten. Kein Zweifel, es sind dic schlanken Blühstengel des Wiesenschaumkrautes, nahe Verwandte der Brunnenkresse. Dieses in der Farbpalette des Frühlings einzigartige Mauve bildet einen hübschen Kontrast zum Orangegelb des Löwenzahns. In ihrem schönsten Schmuck feiert die Natur Frühlingserwachen.
Über einer Grundrosette mit unpaarig-gefiederten, rundlichen Blättchen erhebt sich der schlanke, runde Blühstengel mit wenigen, schmalen Fiederblättchen. Er trägt die meistens blaßvioletten Blüten mit vier langen Kronblättern (Kreuzblütler).
Das Wiesenschaumkraut zeigt seine Verwandschaft zu den Kressen und Kohlarten mit seinem senfartig-scharfen Aroma. Die jungen Blättchen enthalten viel Vitamin C. Wir sammeln die Blättchen der Grundrosette, sowie die Stengelspitzen mit den Blütenknospen und mischen sie in Salate oder in Suppen. Eine Frühjahrsdelikatesse, die leicht zu finden und zu ernten ist.

Rezept S. 91

Der Huflattich Korbblütler

Tussilago farfara

Tussilage farfara – Taconnet

Noch fröstelnd wagen sich erste Spaziergänger in den noch bleichen Strahlen der Märzensonne über die Felder. Doch schon hat der Huflattich seine goldgelben Blütenrädchen geöffnet und streckt sie auf schuppigen, kurzen Stielen der Sonne entgegen. Unerwartet, nach einem warmen Regen sind sie da, und bald darauf erscheinen dicht am Boden die Blattrosetten, die mehr und mehr die feuchtbraune Erde überdecken. Saftiggrün leuchten die handtellergroßen Blätter auf der Oberseite. Ein filziger, weißer Flaum schützt ihre Unterseite gegen Bodenfeuchtigkeit. Der Huflattich, eine altbekannte Heilpflanze, enthält in den Blättern viel Schleim, Gerbstoff und Kalium, und in den Blüten, außer dem heilkräftigen Farbstoff, ein honigähnliches Aroma. Wer die Blüten nicht für eine Hustenteemischung sammeln will, verwendet sie und ihre Knospen als Zugabe zu Suppen und Salaten. Bis Ende Mai gepflückt, lassen sich die noch weichhaarigen Blätter vielseitig gebrauchen. Man kann sie wie Spinat weichkochen, oder diesem zusetzen. Hackfleischkugeln wickeln wir in leicht gedünstete Blätter und verarbeiten sie weiter wie Kohlwikkel. Wenn nach langen Wanderungen Füße und Beine schmerzen, kühlt und lindert ein Umschlag mit zerquetschten Huflattichblättern.

Der Bärenlauch Liliengewächse

Allium ursinum

Ail des ours

Wenn die Schmelzwasser des Märzenschnees lustig über die bemoosten Steine des Bachbettes rauschen, die Lerchen mit Trillern und die Amseln und Nachtigallen mit Flötensolis in diese Wassermusik einstimmen, ist es vorbei mit der Winterruhe. Aus dem feuchten Waldboden erscheinen die ersten Blattspieße des Bärenlauchs, erst vereinzelt, dann dichte Teppiche bildend. Von weitem schon riechen wir den feinen Knoblauchgeruch, der die Blätter eindeutig von den ähnlichen der Maiglöckchen unterscheiden läßt. Zwei bis drei Wochen später sprießen die blattlosen Blühstengel und wiegen ihre weißen Blütenquasten im Wind. In früheren, wilden Zeiten, soll das Kraut den Bären als Frühjahrsfutter gedient haben.

Man darf den Bärenlauch ohne Zweifel als Frühjahrskraut Nummer eins einstufen. Die Blätter sind als Heilpflanze, als Gewürz und als Frühjahrsgemüse beliebt. Seine, dem Knoblauch ähnlichen, aber feiner schmeckenden Würzstoffe regen den Stoffwechsel an und vermögen hohen Blutdruck zu senken. Die vor der Blüte gesammelten, feingehackten Blätter verwenden wir als Würze für Salate, Spinat, Braten, mit Quark vermengt als Brotaufstrich. Sie können auch in Gemüsen mitgekocht werden. Die im Frühherbst gesammelten Bärlauchzwiebeln lassen sich wie Knoblauch verwenden. Getrocknete Blätter verlieren stark an Aroma. Der Bärenlauch ist und bleibt ein Frühjahrsgewächs.

Der Löwenzahn

Korbblütler

Taraxacum officinale
Dent-de-lion

Die Schwalben sind wieder da. An sonnigen Plätzen entfaltet der Löwenzahn ungeduldig seine ersten Blüten. Bald werden es Millionen sein, die bei Sonnenschein mit ihren orange-gelben Blütenkronen ganze Wiesen vergolden. Bedeckt sich der Himmel, verlöscht das Leuchten, bis die Sonne erneut ihre Zauberformel sendet. Mit dem Fortschreiten des Frühlings verlegt sich das Schauspiel in höhere Regionen, auf die Alpweiden, weit über die Baumgrenze, wo die Pflanze aber wesentlich kleinere Blattrosetten bildet.
Jedes Kind kennt den Löwenzahn, doch wer noch zweifelt, findet ein weiteres Merkmal im weißen Milchsaft der Stengel. Er enthält einen kräftigen Bitterstoff, in den jungen Blattschossen finden wir reichlich Vitamin C.
In der Heilkunde schätzen wir die Wurzel für ihre gallefördernde und harntreibende Wirkung.
Die jungen Blätter – in ungedüngten Wiesen gesammelt – eignen sich vorzüglich zu stoffwechselanregenden Frühjahrskuren. Roh und feingeschnitten geben sie Salaten ein angenehmes appetitförderndes Bitteraroma. Wer Bitternis nicht schätzt, legt die Blätter 1–2 Stunden in Wasser. Die Blätter können auch im Spinat mitgekocht werden. Die noch harten Blütenknospen sind, in Würzessig eingelegt, wie Kapern zu verwenden. Gute Kenner graben im Herbst die Wurzel, die in Salate geraffelt wird. Getrocknet dienen sie zur Anregung der Nieren.

Rezepte S. 91, 97, 98, 99

Das Lungenkraut

Boretschgewächse

Pulmonaria officinalis
Pulmonaire officinale

Laden die ersten Weidenkätzchen die Bienen großzügig ein, Pollen und Nektar zu naschen – wenn Zitronenfalter von Blüte zu Blüte flattern und ein leises Summen die Luft erfüllt, beginnt auch im Waldboden, zwischen den welken Blättern, neues Leben. Wirklich, ein erstes Lungenkraut, das beim großen Erwachen mit dabei sein will. Aus einer kriechenden Wurzel, die sich im feuchten, aber besonnten Waldboden heimisch fühlt, wächst es empor, bisweilen auch an Waldwegen und Waldrändern. Langgestielte, oval zugespitzte Blätter bilden die Grundrosette. Die rostbraunen Blühstengel, mit spitzeren Blättern, tragen eine hübsche Traube kleiner Blüten, rot die einen, blau die andern. Wenn sie bestäubt sind, wechseln sie noch einmal die Farbe ins Violett. Die ganze Pflanze trägt, typisch für viele Boretschgewächse, ein rauhes Haarkleid. Gegen den Sommer erscheinen größere, herz-eiförmige, weiß punktierte Blätter.
Das Lungenkraut gehört, wie der Name verrät, zu den Heilpflanzen. Es enthält Schleimstoffe und reichlich Kieselsäure. Wir sammeln die Blättchen der Grundrosette vor der Blütezeit, die sich je nach Lage bis zum Mai hinzieht. Sie schmecken schwach würzig und schleimig und eignen sich gut als Beigabe zu Suppen und Salaten.

Rezept S. 91

Der Geißfuß *(Baumtropfen, Giersch)* Doldenblütler

Aegopodium podagraria

Egopode podagraire – Herbe aux goutteux

Wer einen Gemüse- oder Obstgarten zu betreuen hat, steht mit dem Geißfuß nicht auf gutem Fuß. Ihm genügt nicht, sich mit den zahlreichen Samen fortzupflanzen. In der Erde verbreitet er dazu noch ein ganzes Wurzelsystem, das überall durchdringt. Grund genug also, das Kraut wo immer möglich zu konsumieren. Auch im Unterholz der Wälder und an Wegrändern finden wir den Giersch oder Geißfuß, dort meistens in Gesellschaft von anderen Doldenblütlern, und darum nicht leicht zu erkennen.
Zeitig im Frühjahr erscheinen zunächst die gestielten gefiederten Blättchen mit oval-zugespitzten, glänzend-grünen Blattspreiten. Später wächst ein hohler, kantig-gefurchter Stengel 25 bis 45 cm hoch und trägt am Ende eine vielstrahlige Blütendolde mit kleinen, weißen Blüten.
Die jungen Blätter und Stengel, noch zart und schwach aromatisch, lassen sich gut Salaten und Gemüsen beimischen und dienen auch als Suppengrün. Ältere Blätter sind würziger, sollen aber dann weichgekocht werden.
Der lateinische Name podagraria = Podagra = Gicht, deutet auf die seit langem bekannte Heilwirkung bei Gicht und Rheuma hin.

Rezepte S. 95, 96

Das Maßliebchen oder Gänseblümchen Korbblütler

Bellis perennis

Pâquerette vivace

Jedes Kind kennt die vom Frühjahr bis im Herbst aus dem Rasen leuchtenden, weißen Gänseblümchen. Auch wenn ihnen der klassische, englische Rasen verboten ist, blühen sie anderswo, wo es ihnen behagt. Mitten aus einer Grundrosette mit spatelförmigen, vorne abgestumpften Blättchen, sprießen die etwa 10 cm langen Blühstielchen rund und blattlos und tragen am Ende das weiße, selten rosarote Blütenkörbchen mit den winzig-kleinen goldgelben Röhrenblütchen in der Mitte. Die weißen Zungenblüten ringsum sind oft mit karminroten Rändchen verziert. Als Dauerblüher schmücken viele Zuchtformen des Gänseblümchens unsere Gärten und Gräber. Überall wo sie wachsen, strahlen sie Zufriedenheit und Ruhe aus. Schon in alten Zeiten galten sie als Zeichen der Zuneigung.
Vielseitig ist ihre Verwendung in der Kräuterküche, wo man das feine, nußartige Aroma schätzt. Fast das ganze Jahr lassen sich die Blättchen und die noch festen Blütenknospen sammeln. Diese legen wir wie Kapern in Essig. Aus den feingeschnittenen Blättchen, einzeln oder mit anderen Wildkräutern gemischt, bereiten wir Salate, Kräutersuppe oder Gemüse.
Schon unsere Urgroßmütter schätzten frischgeschnittene Gänseblümchenblätter als blutreinigenden Salat, der auch die Lebertätigkeit anregt.

Rezept S. 93

Die große Brennessel Nesselgewächse

Urtica dioeca

Ortie dioique

In unseren Regionen wachsen zwei Arten von Brennesseln: die kleine Brennessel (urtica urens), eine einjährige Pflanze, trägt auf dem gleichen Stengel, getrennt, die unscheinbaren, weiblichen und männlichen Blüten. Sie ist weniger verbreitet, dient jedoch den gleichen Zwecken. Die große Brennessel bildet oft große Kolonien an Waldrändern, Wegen und Straßen und bevorzugt stickstoffreiche Böden in der Nähe von Ställen. Weibliche und männliche Blüten wachsen auf getrennten Pflanzen. Unnötig die beiden Arten weiter zu beschreiben. Blätter und Stengel sind mit Brennhaaren besetzt, die im Kontakt mit der Haut eindeutig und eindringlich den Namen der Pflanze verraten. Würde sie nicht brennen, wäre das wertvolle Heilkraut längst ausgerottet. Hier nun die wertvollen Eigenschaften.
Der hohe Gehalt am grünen Pflanzenfarbstoff Chlorophyll und an Mineralsalzen gibt den Brennesselblättern einen hohen Nährwert. Hinzu kommt bei den jungen Schossen der Vitamin-C-Gehalt. Wir sammeln (durch Handschuhe geschützt) die jungen Triebe, später die Stengel, die wir knapp am Boden abschneiden. Das Sammelgut wird gründlich gewaschen. Es gibt kaum einen gesünderen Frühlingssalat, aber auch im Spinat mitgekocht munden die Brennesseln vorzüglich. Gegen Blutarmut mische man Brennesselblätter mit Spinat oder anderen Gemüsen. Auch das Pulver getrockneter Blätter kann anderen Speisen beigemischt oder mit Joghurt vermengt gegessen werden.
Tee aus Wurzeln oder Blättern wirkt zudem harntreibend. Umschläge lindern Hautentzündungen.

Rezepte S. 91, 93, 94, 97

Die Gundelrebe

Lippenblütler

Glechoma hederacea

Lierre terrestre – Gléchoma faux lierre

Künden Gänseblümchen, Scharbockskraut und Veilchen, an Wiesen und Waldrändern den Frühling an, leistet ihnen ein weiterer, kleiner Freund Gesellschaft: Die Gundelrebe, aus der großen und aromareichen Familie der Lippenblütler, der soviele Gewürzkräuter und Heilpflanzen angehören. Das bescheidene Zwergsträuchlein verdient unsere Aufmerksamkeit. Getreu der Familientradition treibt die Gundelrebe kantige Stengel von 10 bis 15 cm mit zierlichen, rundlichen, gekerbten Blättchen. Oft sind beide rot-violett getönt.

Oft tragen die lavendelfarbigen Blüten purpurfarbige Flecken. In schattigen Lagen bilden sich ganze Teppiche mit Gundelrebe. Das Kraut enthält ätherische Öle und riecht würzig-aromatisch. Die jungen, frischen Triebe mit den Blättchen sammelt man vor der Blüte, spült sie gründlich im Wasser, eventuell im heißen Wasser, um den Geschmack etwas zu mildern. Feingehackt mischt man das Kraut als würzige Beigabe in Salate, Suppen und Kartoffelgerichte.

Wo sich die Gundelrebe zur Gartenplage ausbreitet, kann man sie mit der Sichel schneiden, das Geerntete mit 2–3 Liter Wasser kochen und als Kräuterabsud einem Bad beimischen. Der Tee aus den Blättern wurde früher zur Magenstärkung und gegen Husten verwendet.

Rezepte S. 91, 99

Der gute Heinrich oder Wilder Spinat Gänsefußgewächse

Chenopodium bonus-henricus
Epinard sauvage – Chénopode bon-Henri

Der ehrwürdige Stammvater des kultivierten Spinats, ein stattliches und vertrauenswürdiges Gewächs, leistet in Notzeiten unschätzbare Dienste und gerät dann wieder in Vergessenheit. Doch Kenner wissen um die gesundheitlichen Werte, merken sich die Standorte des immergrünen, guten Heinrichs und holen sich dort den biologisch hochwertigen Wildspinat. Ein kräftiger Stengel treibt bis 60 cm hoch, trägt gestielte, dunkelgrüne, stumpf-dreieckige Blätter, mit glatten, leicht klebrigen Spreiten, die nach oben kleiner werden. Unscheinbare, grünlich-weiße Blütenähren sprießen aus den oberen Blattachsen. Die ganze Pflanze scheint mehlig-überzogen, und bevorzugt salzige und stickstoffhaltige Böden im Bereich von Ställen, auf Schutt- und Brachland in Magerwiesen.
Die Blätter enthalten viel Chlorophyll, Eisen, Provitamin A, verschiedene andere Mineralsalze und Vitamine. Von vielen, einander ähnlichen Chenopodiumarten, schmeckt der gute Heinrich am besten.
Die jungen Blätter und Stengelspitzen dienen uns als Spinat, als würzende Beigabe in Salate und Gemüse, wobei wir so dosieren, daß der Würzgehalt nicht zu stark dominiert. Das Sammelgut soll gut gewaschen und gewässert werden.

Rezepte S. 92, 93, 95, 96, 97

Die kleine Malve *(Käslikraut)*

Malvengewächse

Malva neglecta

Mauve négligée – Petite mauve

Die ganze Familie der Malven weckt in uns Gefühle der Zuversicht und der Hoffnung, denn seit Jahrhunderten bieten sie dem Menschen ihre Heil- und Nährkräfte an. Das bescheidene Käslikraut begnügt sich mit mageren Böden und Schuttplätzen, wo es auch der Trockenheit und Hitze standhält. 20 bis 30 cm lange, niederliegende, markige und verästelte Stengel tragen die langgestielten, rundlich-handförmigen Blätter. Stengel und Blätter sind flaumig behaart. Kleine Blütensterne von blassem Mauve (rosaviolett) stehen auf einzelnen, kleinen Stengeln. Im Sommer bilden sich daraus die flachen, kleinen Käsen ähnlichen Fruchtknoten (Käslikraut).

Auch die etwas größere, aufrecht stehende, wilde Malve (M. sylvestris) hat die gleichen Eigenschaften.

Die Malven, klassische Schleimpflanzen, werden seit langem zu Heilzwecken verwendet. Für die Küche sammeln wir die jungen Triebe mit den zarten Blättern, vor der Blüte. Ihr Schleimgehalt verleiht Suppen die sämige Konsistenz. Roh mischen wir sie Salaten bei. Die kleinen Früchte ißt man roh, oder legt sie in Essig, als interessante Salatbeigabe.

Der Tee aus den Blättern beider Malven dient als beliebtes Heilmittel gegen Entzündungen im Magen-Darm, gegen Husten, und äußerlich zu erweichenden Umschlägen.

Spitzwegerich und Mittelwegerich

Wegerichgewächse

Plantago lanceolata, Plantago media
Plantain lancéolé, Plantain moyen

Die Wegeriche verraten mit ihrem Namen ihren häufigsten Standort, Wegränder; es sind lebensmutige Alleingänger, die Tritte und Radspuren nicht scheuen, Ödland bevorzugen und bis in Höhen von 3000 m ü. M. dem Klima standhalten. Ihr typisches Merkmal ist eine der Wurzel aufsitzende Blattrosette. Nach der Breite dieser Blätter bezeichnet man die Arten. Der hier vorgestellte Spitzwegerich und Mittelwegerich sind Beispiele dafür. Typisch ist auch der blattlose Blühstengel, der die Blätter weit überragt und am Ende eine lockere Blütenröhre trägt, beim Spitzwegerich mit schwarzbraunen und goldgelben Staubgefäßen; beim Mittelwegerich sind sie rötlich-weiß.
Der bitter-schleimige Geschmack der Blätter verrät auch ihre Inhaltsstoffe, viel Schleim und etwas Gerbstoff.
Junge, zarte Spitzwegerichblätter waschen wir gründlich und kochen sie mit anderem Wildgemüse zu einer Kräutersuppe.
Ältere Blätter vom Spitz- und Mittelwegerich weicht man erst ein, und versucht dann, auf der Rückseite die Rippenfäden herauszuziehen, ähnlich wie bei den Bohnen. Feingeschnitten und mitgekocht geben sie verschiedenen Gemüsen eine festere Konsistenz. Gerichte aus Spitzwegerich dürften sich als Diätspeisen bei Schleimhautentzündungen im Magen und Darm bewähren.

Rezept S. 91

Der Schlangenknöterich

Polygonum bistorta
Renouée bistorte

Der Mai ist da. Wo der selten gewordene Kuckuck im Wald noch Lebensraum findet, hört man seinen Lockruf. Eine Fülle von Blumen und Gräsern läßt die Wiesen fast überquellen. Zwischen den goldgelben Trollblumen, dem Hahnenfuß und dem violetten Storchenschnabel wiegen sich die rosaroten Blütenähren des Schlangenknöterichs auf langen Stengeln im Wind.
Die gewundenen Wurzeln und die knotigen Stengel gaben der Pflanze ihren Namen. In feuchten Wiesen gedeihen sie zahlreich. Aus dem robusten Wurzelstock wachsen hellgrüne, harte, Stengel. Die unteren Blattlanzetten von zartem Grün sind gestielt, am oberen Stengel sitzen sie wechselständig an den Knoten. Die Blühstengel überragen die anderen Pflanzen und tragen am Ende eine hübsche Ähre mit winzigen, rosa gefärbten Blüten. Blatt und Stengel enthalten Gerbstoffe, die Wurzel dazu noch Stärke.
Junge Stengel und Blätter werden gesammelt, gut gewaschen und in Salzwasser weichgekocht. Fein geschnitten oder püriert bereitet man je nach Menge ein Gemüsegericht oder eine Kräutersuppe.
Bei Durchfall und inneren Blutungen leisten Abkochungen der Wurzeln vorzügliche Hilfe.

Die gewöhnliche Wallwurz – Beinwell Boretschgewächse

Symphytum officinale
Grande consoude

Das stattliche Gewächs, das in feuchten Wiesen, an Bachufern und Gräben gedeiht, gibt sich mit seinen hängenden Blüten eher melancholisch und reserviert. Kinder werden die Blüten kaum zu Sträußlein pflücken. Doch die Boretschgewächse, dazu gehört auch das früher beschriebene Lungenkraut, tragen alle ein rauhes Haarkleid, borstigen Gesellen gleich, die Wind und Wetter trotzen.
Eine lange Pfahlwurzel, innen schleimig-weiß, außen mit schwarzer Rinde trägt einen kantigen, hohlen Stengel, der sich oben verästelt und bis 1 m hoch werden kann. Stark genervte, üppige Blattlanzetten laufen an ihm herab (wachsen aus ihm heraus) und geben der Pflanze ein buschiges Aussehen. In lockeren Trauben hängen die kleinen Blüten, cremeweiße oder purpurviolette Glöckchen, an den Stengelenden.
Die altbekannte Heilpflanze enthält viel Schleime und Gerbstoffe und in der Wurzel zudem Stärke.
Die im Frühjahr gesammelten Sprosse und jungen Blätter lassen sich wie Spargeln zubereiten. Die Blättchen schmecken, zusammen mit anderen Wildkräutern, sehr gut im Salat. Ausgewachsene Blätter dünstet man wie Spinat, oder verquirlt sie mit Wasser, Quark und Yoghurt zu einem bekömmlichen Gesundheitsdrink.
In Nordwesteuropa (England) wird eine Beinwell-Art, der Comfrey, in Gärten angebaut.

Rezepte S. 97, 99

Das (gemeine) oder blasige Leimkraut Nelkengewächse
Silena cucubalus
Silène enflé

Die große Familie der schönen Nelkengewächse bereichert unsere Flora mit über 100 Arten. Wenige darunter sind als Futterpflanzen wichtig und nur das blasige Leimkraut scheint den Weg bis in die Küchen gefunden zu haben. Die hübsche Wiesenpflanze liebt Licht und Sonne und bevorzugt besonnte Lagen, Wegränder und Abhänge. Auf einer tiefgründigen Wurzel wächst der 30 bis 50 cm hohe, runde Stengel. An seinen Knoten sitzen die gegenständigen, schmalen, graugrünen Blattlanzetten. Das lange, blattlose Stengelende trägt die eigenartigen Blüten mit dem braun-grüngestreiften, zu einer kleinen Kugel aufgeblasenen Kelch (Taubenkropf), um den die Kronblätter einen hübschen, weißen Kragen bilden.
Lustiger Kinderspaß: Quetscht man die Kügelchen in der Hand, knallt es vernehmlich.
Wir sammeln von Juni bis September die jungen Triebe und Blätter vor der Blüte. Die zarten Blätter verwenden wir roh in Wildsalaten. Die reiferen Triebe eignen sich besser zum Dünsten, Weichkochen oder in Suppen. Die wachstumsfreudige Pflanze wächst immer wieder nach, so daß man rasch ein kleine Ernte zusammenbringt. Auch mit geschlagenem Ei zu einer Omelette gebacken, schmecken die Leimkrautblätter sehr gut.

Der gewöhnliche und der kleine Wiesenknopf

Sanguisorba officinalis und S. minor Rosengewächse
Sanguisorbe officinale et Petite sanguisorbe

Aus der bedeutenden Familie der Rosengewächse stammen, neben den vielen Zierpflanzen, den meisten Fruchtbäumen und Beerensträuchern, viele Heilpflanzen, zu denen auch der Wiesenknopf gehört. Er wird bisweilen in Gärten als Gewürzpflanze gezogen. In der Natur finden wir ihn in feuchten Wiesen und Sümpfen. Auf dem langen, oft rötlichen, blattlosen Stengel wiegen sich die rotbraunen Blütenknöpfe im Wind.
Der kleine Wiesenknopf hingegen, mit kürzerem Stengel, grünlichem Blütenbüschel mit rötlichen Narben, liebt sonnige trokkene Hänge. Typisch für beide Arten und für viele Rosenblütlern sind die schön gefiederten, am Rande gezähnten Blätter. Zu Heilzwecken wird vor allem die gerbstoffreiche Wurzel verwendet, was auch im lateinischen Namen Sanguisorba (Sangue = Blut, sorbere = aufsaugen) zum Ausdruck kommt.
Die jungen Blättchen schmecken gurkenähnlich und würzen, kleingehackt, Salate, Rohkost und Suppen, recht angenehm. Dazu eignen sich vor allem die Blättchen des kleinen Wiesenknopfs.
Von beiden Arten mischen wir die jungen Triebe mit den Blättern in Salaten, Gemüsen und Kräutersuppen. Ihr zarter Geschmack bleibt erhalten, wenn man nur Salz und keine anderen Gewürze verwendet.

Die ährige Rapunzel Glockenblumengewächse

Phyteuma spicata

Raiponce en épis

Zur Tradition dieser Pflanzenfamilie gehören Blühstengel mit meistens hängenden Blütenglocken. Die Rapunzeln und Jasonien halten sich an die Familienvorschriften, mit Ausnahme der Blüten, die bei diesen Arten runde oder langgestreckte Ähren bilden. Blau und Violett in allen Spielarten, selbst braun sind bevorzugte Blütenfarben.

Die ährige Rapunzel schmückt im Frühsommer mit ihren grünlich-weißen Ähren das Unterholz vieler Laubwälder. Auch über Bergwiesen baumeln die hübschen, selten pastellblauen Blüten. Die hellgrünen Blätter sind am Grunde breiteiförmig-zugespitzt und werden nach oben schmäler. Oft tragen sie in der Mitte einen braun-schwarzen Fleck.

Die Blätter dieser altbekannten Gemüsepflanze – Grimms Märchen erinnert daran – lassen sich wie Spinat verwenden. Wenn sie noch zart sind, schmecken sie auch als Salat sehr gut.

Ursprünglich waren die Rapunzeln als Wurzelgemüse bekannt (lat. Rapa = Rübe).

Die gewöhnliche Schafgarbe Korbblütler

Achillea millefolium
Achillée millefeuille

Erst in der Blütezeit gibt sich die Schafgarbe richtig zu erkennen. Das dunkelgrüne moosartige Kissen feinster Blätter, kaum einige Zentimeter hoch, bedeckt da und dort an Wegrändern und trockenen Wiesenborden den Boden und wird nur von Pflanzenkundigen beachtet. Ist der Sommer da, gibt es keine Zweifel mehr. Ein kräftiger, kantiger, bis 80 cm hoher Stengel wächst empor. An ihm sitzen schmale Blattfiedern mit sehr feinen, dunkelgrünen, geteilten Blättchen (Millefolium = tausendblättrig). Der oben verzweigte Stengel endet in schirmartige Trugdolden, die von vielen kleinen, weißen, oft rötlichen Korbblüten gebildet werden. Im Gebirge blühen sie oft karminrot, und gedeihen in Zwergformen bis in Höhen von 3000 m.
Die Schafgarbe zählt zu den bitteraromatischen, immer noch sehr geschätzten Heilpflanzen. Wir sammeln im Mai–Juli die frisch austreibenden Grundblätter, die oft zwischen den verdorrten Blättern des Vorjahres sichtbar werden. Selbst im Herbst findet man sie noch an trockenen Hängen. Die feinen Blättchen müssen sehr gründlich gewaschen werden.
Das leicht bittere, ausgeprägte Aroma wirkt am besten, wenn wir die Blättchen fein schneiden und wie ein Gewürz Salaten oder Gemüsen beifügen. Ältere Blätter brüht man vor Gebrauch in heißem Wasser. Auch in Branntwein kommt das Aroma gut zur Geltung.

Die Wegwarte

Korbblütler

Cichorium intybus
Chicorée sauvage

Das früher sehr verbreitete, sparrige Kraut, entfaltet seine azurblauen Blüten noch da und dort an Wegrändern und den Kornfeldern entlang. Es erträgt Hitze, Staub und Trockenheit gelassen und ohne Schaden zu nehmen. Am Kopf einer kräftigen, milchsaftführenden Pfahlwurzel wächst, knapp über dem Boden, eine dunkelgrüne Blattrosette, mit grobgezähnten Spreiten, ähnlich jenen des Löwenzahns. Die Wurzel treibt im Frühsommer mehrere, kantige, breit verästelte Stengel mit wenigen, länglichzugespitzten Blättern. Je nach Lage wird die Wegwarte 30 bis 100 cm hoch und trägt zahlreiche, große Blütensterne in leuchtendem Himmelblau. Das in der Sonne gleißende Gelb des reifen Korns, blaue Kornblumen, roter Mohn und die zartblauen Wegwarten, geben ein eindrückliches Bild des reichen Sommers.
Die Wurzeln der Wegwarte werden noch heute, dank dem hohen Gehalt an Inulin (eines stärke-artigen Reservestoffes), in großen Mengen zu Kaffeesurrogat verarbeitet. Eine kultivierte Abart, die Endivie, kennen wir als beliebten Salat.
Die jungen Blätter der Grundrosette sammeln wir vor der Blüte und mischen sie unter Salate, oder kochen sie mit anderen Gemüsen. Die Wurzeln gräbt man im Herbst, wäscht und schabt sie. Wenig davon (Bitterstoffe) raffelt man in Salatsaucen. Feingeschnittene Wurzeln entbittert man vorerst durch Kochen und dünstet sie dann weich.

Der Wiesenbocksbart, Habermark Korbblütler

Tragopon pratensis

Salsifis des prés

Der Wiesenteppich steht in schönster Blüte, bald ist es Zeit für die Heuernte. Zwischen Gräsern, Skabiosen, Goldklee und rotem Wiesenklee zirpen die Grillen. Nur wenn die Sonne sie weckt, öffnen sich in der illustren Gesellschaft die goldgelben Blütensterne des Wiesenbocksbarts. Ihr knotiger Stengel wächst aus einem Büschel langer, schmaler Blätter, die auch am Stengel sitzen und nach oben kürzer werden. Gemäß der Familientradition stehen auf den verblühten Körbchen die langen Haare, die den Samen als Tragflügel dienen und sie mit den Winden zerstreuen. So ist für Nachwuchs gesorgt, damit uns die hübsche Pflanze weiterhin erfreut und dem Vieh das Futter anreichert. Das ganze Gewächs enthält einen weißen, süßlichen Milchsaft, besonders die Wurzel. Die markigen Schößlinge werden gerne von den Kindern geknabbert und führten zum Namen «Habermark». Die jungen, zarten Blätter und Triebe lassen sich wie Spargel zubereiten. Auf das Graben der Wurzel im Herbst sollten wir verzichten, obwohl diese in Geschmack und Aussehen der Schwarzwurzel ähnlich ist.

Der Alpenmilchlattich Korbblütler

Cicerbita alpina
Cicerbite des Alpes

Der Alpenmilchlattich, so wird er am häufigsten genannt –, gehört zu den ausdauernden Gewächsen, dem wir fast überall begegnen, vorwiegend aber im üppigen Unterwuchs lichter Wälder in den Alpen und im Jura. Hier, an schattigen Nordhängen, wenn im Sommer die weißen Wedel der Spierstauden, der blaue Eisenhut, die gelben Kreuzkräuter zwischen dem Teppich der Farne leuchten, stehen auch die blauvioletten Blütenrispen des Alpenmilchlattichs, auf einem über 100 cm hohen Stengel, dazwischen. Aus einem kräftigen Wurzelstock sprießen die großen, gefiederten Blätter, mit einem spießartigen Endlappen, auf drüsig-behaarten, Milchsaft führenden Stielen. Die Pflanze wächst schnell, Stengel und Blätter sind zunächst sehr zart und halten starken Unwettern nicht stand.
Bis Ende August können die Blätter geerntet werden. Der Alpenmilchlattich ist mit dem Gartenlattich verwandt und wird auch in der Küche in gleicher Weise verwendet. Die frischen Blätter bereichern Salatplatten, Blätter und Stengel werden weich gedünstet, gratiniert oder wie Spinat verarbeitet. Selbst die Wurzeln sind verwendbar.

Rezept S. 95

Die Kohldistel

Korbblütler

Cirsium oleraceum

Circe maraîcher, Circe faux épinard

Bestimmt fällt jedem Wanderer diese nahe Verwandte der Artischocke auf. In feuchten Wiesen und Wäldern, in der Ebene wie im Gebirge, säumt die Kohldistel oft in großer Zahl Bachläufe, Wege, Sümpfe und Lichtungen. Die ausdauernde Pflanze treibt derbe Stengel bis 150 cm hoch, mit ausladenden, gefiederten oder ungeteilten Blättern mit weichstacheligem Rand. Im Sommer erscheint am Stengelende, in eiförmige Blättchen gehüllt, die weißlichgelbe Korbblüte. Trotz ihrer Bescheidenheit und dem lindengrünen, buschig-stacheligen Gewand fehlt es der Kohldistel nicht an einer gewissen Eleganz und ein Strauß mit ein paar Kohldisteln besticht durch seine rustikale Eigenart.

Die jungen Blätter und noch saftigen Triebe werden fein geschnitten und wie Spinat weichgekocht. Ist die Ernte mager ausgefallen, streckt man das Gericht mit weichgekochten Kartoffeln. Auch die saftigen, nährstoffreichen Wurzeln, geben, in Scheiben geschnitten und weich gedünstet, eine schmackhafte Beigabe.

Das Hirtentäschelkraut Kreuzblütler

Capsella bursa-pastoris
Capselle, Bourse à pasteur

Dieses bescheidene und anspruchslose Gewächs schmückt mit seinen langen Blühstengeln auch da noch unwirtliches Gelände, wo nichts mehr wachsen will. Mit seiner ungebrochenen Lebenskraft wächst, blüht und fruchtet das Hirtentäschel bis im Herbst. Zu Recht nennt man es ein heilsames Unkraut.

Auf einer dünnen, oft langen Pfahlwurzel wächst eine blaßgrüne Blattrosette, ähnlich wie beim Löwenzahn, auf dem Boden ausgebreitet. Aus ihrer Mitte treibt der 15 bis 60 cm hohe, kantige, feste Stengel, mit wenigen, schmalen Blättchen, der in eine langgezogene Ähre ausläuft. An ihr sitzen die kleinen, weißen gestielten Blüten, die bald einer kantigen Fruchtkapsel Platz machen. Im Weiterwachsen bilden sich oben immer neue Blüten und unten weitere Fruchtkapseln, die durch ihre Form zum Namen Hirtentäschel geführt haben.

Wir sammeln an relativ sauberen Orten, wo die Pflanzen nicht durch Ölrückstände und andere Immissionen gefährdet sind, und schneiden die Blattrosetten knapp über der Wurzel ab.

Die jungen Blätter eignen sich vorzüglich als würzige Beigabe zu Salaten und Kräutersuppen.

Die Nachtkerze Nachtkerzengewächse

Oenothera biennis

Onagre bisannuelle

Dieser eleganten Amerikanerin gefällt es bei uns so gut, daß sie, ursprünglich angebaut, in die freie Natur ausgebrochen ist und jetzt häufig an Böschungen, den Straßen und Bahndämmen entlang, in Ödland und Waldlichtungen, einzeln oder in Gruppen gedeiht und sich vermehrt.
Als zweijährige Pflanze bildet sie im ersten Jahr nur eine am Boden ausgebreitete Rosette, deren Blätter sich gegen den Stiel hin verschmälern. Im zweiten Jahr wächst aus der rübenförmigen Wurzel ein aufrechter, mit Haaren besetzter Stengel 50 bis 100 cm hoch, der flaumig behaarte, oben dunkelgrüne, unten hellere Blattlanzetten trägt. Das Stengelende mündet in eine Ähre mit Knospen, die sich nacheinander zu blaßgelben Blüten öffnen, sich am Abend entfalten und rasch wieder verwelken. An ihrer Stelle erscheinen Fruchtkapseln. Die Nachtkerze duftet vor allem nachts und wird dann von Schmetterlingen bestäubt.
Die Rübenwurzel wird im Herbst oder Frühjahr vor dem Austrieb des Stengels ausgegraben, gründlich gewaschen und sauber geschabt. Beträufeln mit Zitronensaft oder Essig verhindert das Anlaufen. Nach dem Weichkochen in Salzwasser kann man sie wie Schwarzwurzeln, oder geraffelt wie Selleriesalat zubereiten.

Gartenkerbel und Süßdolde

Doldengewächse

Anthriscus cerefolium
Myrrhis odorata
Cerfeuil cultivé et Cerfeuil musqué

Der Gartenkerbel rüstet seine Triebe schon im Herbst, um im Frühjahr zeitig seine feinziselierten, hellgrünen Blättchen treiben und entfalten zu können. Er bevorzugt Standorte im Halbschatten, oft unter Büschen in den Gärten. Der 30 bis 50 cm hohe Stengel trägt eine kleine, weiße Doldenblüte.
Die Süßdolde, als nahe Verwandte ist ein ausdauerndes Gewächs, das wild auf Weiden in den Alpen und im Jura vorkommt. Aus einem üppigen Blätterbüschel wachsen die kantigen hohlen Stengel bis 1 m hoch mit großen, weichen Fiederblättern. Am Stengelende stehen große Dolden mit flaumigen Strahlen, die erstaunlich große Früchte (bis 3 cm lang) tragen, was bei Doldenblütlern verwundert.
Das junge Kraut des Gartenkerbels mit seinem zarten Geschmack, zählt zu den bevorzugten Zutaten zu Frühlingssuppen. Die robusteren Blätter der Süßdolde erinnern mehr an das Aroma von Fenchel und Anis und eignen sich besser zum Mitkochen in Gemüsen und Kartoffelspeisen. In ländlichen Gegenden dient ein aus dem Kraut destilliertes Wasser zu Frühjahrskuren.

Rezept S. 92

Die gelbe Rübe – Möhre

Daucus carotta

Carotte, Daucus carotte

Die große Familie der Doldengewächse mit über 100 Arten, die sich aber sehr ähnlich sind und leicht verwechselt werden können, hat der Blüte der gelben Rübe eine kleine Besonderheit mitgegeben. Die flachen Dolden, reich garniert mit winzigkleinen, weißen Blüten, tragen in ihrer Mitte dunkelrote, unfruchtbare Blüten, die man mit einem schlafenden Insekt verwechseln könnte. Der röhrige, gefurchte und behaarte Stengel wächst 25 bis 80 cm hoch, mit Vorliebe an trockenen Hängen, auf Naturwiesen und an Wegrändern. Die feinen Blattfiedern bilden schmale, grüne Zipfelchen, die unten an Stielen sitzen, oben am Stengel auf Blattscheiden. Wenn die Samen reifen, schließen sich die Dolden wie zu einem kleinen Vogelnest nach innen, wie wenn sie um ihre Nachkommenschaft besorgt wären.
Ein häufiges, aber bescheidenes Gewächs, vermutlich verehrte Urahne unserer Gartenrüben, die wir aber im ersten Jahr ernten. Der Stengel der wilden Möhre wächst erst im zweiten Jahr.
Die wilden wie die Gartenmöhren sind unsere wertvollsten Spender für Carotin, dem Provitamin A, das nicht nur in der Rübe, sondern auch im Kraut enthalten ist.
Die Blättchen der im ersten Jahr gebildeten Blattrosette lassen sich sehr gut zu Suppengrün oder in Gemüsen verwenden.
Wenn wir wilde Möhren, zum Knabbern für Kinder, oder zum Anreichern des Picknicks ausgraben wollen, ist im Frühjahr die günstigste Zeit. Später werden die Karotten holzig und verlieren ihre gesundheitlichen Werte.

Die wilde Braunwurz – Brustwurz – Engelwurz

Angelica silvestris Doldengewächse

Angélique sauvage

Unter allen Doldengewächsen gehört die Engelwurz zu den stattlichsten und schönsten. Mitten im Sommer stehen sie majestätisch im feuchten Unterholz, an Wald- und Schluchträndern, in Sumpfwiesen und an Wasserläufen. Auf einer kräftigen Pfahlwurzel wächst ein röhriger, runder Stengel, 60 bis 100 cm hoch und oft ins Violett überlaufen. Aus einer stengelumfassenden Blattscheide sprießen die gestielten und gefiederten Blätter mit gezähntem Rand. Die stark gewölbten Dolden tragen hunderte von kleinen, weißen oder rosaroten Blüten, die nicht nur die Blicke der Wanderer, sondern eine ganze Garde von Schmetterlingen, Käfern und Fliegen anziehen, die sich hier ihren Nektar holen. Geflügelte, flache Samen bilden die Früchte. In der winterlichen Natur bilden die dürren Dolden, von Reif oder Schnee überzogen, oft noch das letzte Dekor, das wie ein Juwel in der fahlen Sonne glänzt.

Die ganze Pflanze schmeckt würzig-süßlich und wird mit Vorteil als Zugabe verwendet, ähnlich wie die echte Engelwurz, die in Gärten, früher vor allem in Klostergärten kultiviert wurde (Klosterlikör).

Die jungen Blätter und Stengeltriebe verwenden wir feingeschnitten als Suppenwürze. Halbhohe Stengel schält man wie Rhabarber; sie sind leicht süßlich, man kann sie roh knabbern, zu Mus kochen oder im heißen Zuckersirup kandieren. Die Wurzel ist würziger, wird in feine Stücke geschnitten ebenfalls kandiert oder zu einem Magenlikör angesetzt.

Der Blutweiderich

Weiderichgewächse

Lythrum salicaria
Lythrum salicaire

Vorüber die Heuernte. Nach dem Farbenrausch der Frühlingsflora dominiert weitherum das Sommergrün. In Hecken und Büschen sind Holunder und Schneeball, ohne das Weiß ihrer Blütendolden, in das grüne Inkognito untergetaucht.
Da und dort, an Wasserläufen und feuchten Hängen, sowie in Sümpfen, stehen purpurrote Fackeln über dem Grünteppich. Ohne Zweifel. Es ist der Blutweiderich, der seinen Namen farbig illustriert. 40 bis 100 cm hoch stehen die geraden, vierkantigen, oft rötlich gefärbten Stengel, die sich oben verzweigen. Zahlreiche, weitausladende, dunkelgrüne Blattlanzetten zieren den unteren Stengel. Die langgezogene Ähre trägt viele purpurrote Blütensterne. Wenn die unteren welken, öffnen sich oben immer wieder neue Knospen, bis im Herbst. Kein Wunder, daß man dieser auffälligen Pflanze heilende Kräfte zuschrieb.
Der Blutweiderich enthält Gerbstoffe und Pektin und wurde früher gegen innere und äußere Blutungen verwendet.
Die jungen Sprosse (sofern man sie vor der Blüte kennt) und die Blätter bringen Abwechslung in die Gemüseauswahl und bereichern andere Gerichte. Mit dem roten Farbstoff der Blüten kann man Süßspeisen oder -getränke färben.
Noch wertvoller sind uns die gerbstoffreichen Wurzeln mit ihrer Heilwirkung bei starken Durchfällen und Darmblutungen.

Der Sauerdorn – Berberitze Sauerdorngewächse

Berberis vulgaris

Epine vinette

Als Träger von Pilzsporen, die den gefürchteten Getreiderost verbreiten, wurde der hübsche Strauch leider aus den Feldern des Mittellandes verbannt. Jedoch erlaubt ihm seine robuste Lebenskraft, auch an Felshängen und Alpweiden bis 2000 m Fuß zu fassen. Er schätzt vor allem Sonne, die mithelfen muß, seine zahlreichen Beeren auszureifen.

Die jungen, rutenförmigen Zweige verholzen allmählich und tragen in kleinen Büscheln die im Frühjahr hellgrünen, kleinen, eiförmigen Blättchen, die gegen den Herbst in allen Farben von gelb zu Blutrot bis dunkelbraun leuchten. Die spitzen, kleinen Dornen kratzen sehr empfindlich. Kleine, gelbe Blütentrauben hängen im Frühjahr an den Zweigen und verwandeln den Busch in einen Miniaturgoldregen. Im Herbst reifen die korallenroten, länglichen Beeren in kleinen Trauben.

Blätter und Früchte enthalten Pflanzensäuren und Vitamin C und rechtfertigen den Namen Sauerdorn durchaus.

Die jungen Blättchen und Jungtriebe eignen sich mit ihrem sauren Geschmack vorzüglich zu Salaten.

Der saure Saft der Beeren, mit dem reichen Gehalt an Vitamin C, vermag Zitronensaft zu ersetzen. Man streut die Beeren beim Braten über Fleischgerichte oder bereitet mit Zucker ein Gelee als Zugabe zu Fleischplatten. Die Kerne in den Beeren sind bitter. Im Spätherbst, nach 1–2 Frostnächten geerntete Beeren schmekken weniger sauer.

Der Hopfen

Humulus lupulus
Houblon grimpant

Was wären unsere Hecken und Waldränder ohne die leuchtenden Girlanden der Clematis, der Winden, der Schmerwurz und des Hopfens. Welche Vielfalt und welche Schönheit hat uns die Natur da beschert. Vom Hopfen, dieser ausdauernden Schlingpflanze, erscheinen im Frühjahr an Waldrändern und Hecken zarte, vierkantige, behaarte Sproßen. Im Wachsen suchen sie Halt an benachbarten Zweigen oder Ästen und klettern dann, von Woche zu Woche, bis gegen 10 m Höhe, je nach der ausgewählten Trägerpflanze. Im Anbau (für die Bierbrauerei) zieht man die Hopfenranken an bis 8 m hohen Drahtspalieren (Hopfendarren). Die rauhen, dreilappigen Blätter sind jenen der Rebe ähnlich. Sie dienten früher den Holzschnitzern als beliebtes Rankenmuster. Der Hopfen ist zweihäusig, das heißt, die männlichen und weiblichen Blüten sitzen auf getrennten Pflanzen. Die Blühranken, mit einfachen, kleinen Blättchen verziert, tragen die gelbgrünen, später bräunlichen Hopfenzapfen, aus pergamentartigen Schuppen. Sie enthalten reichlich Bitterstoffe, die magenstärkend und beruhigend wirken.
Wir sammeln im Mai–Juni die jungen Triebe und später die Rankenspitzen mit den Blattknospen, die beim Hopfenanbau als überschüssig entfernt werden, und keineswegs bitter sind. Man mengt sie feingeschnitten Salaten oder Gemüsen bei. Die Jungtriebe kocht man wie Spargeln.

Rezept S. 95

Die Nelkenwurz (Benediktenkraut)

Geum urbanum
Benoîte commune

An Wald- und Wegrändern, am Rande von Gebüschen und Bachläufen begegnen wir recht häufig diesem bescheidenen Rosengewächs, das mit den Blattformen, Blüten und Fruchtknoten seine Verwandschaft zu der großen Familie bekundet. Im üppig wachsenden Grün des Monats Mai fällt das bescheidene Kraut kaum auf.
Es gibt sich erst zu erkennen, wenn später, an langen Stielen, die leuchtendgelben Blütensterne erscheinen. Sie bieten das klassische Muster der Rosenblüten, mit den fünf gelben Kronblättern, zwischen denen die spitzen, grünen Kelchblätter sichtbar sind. Ein Bild ausgewogener Harmonie. Nach der Blüte bilden die kleinen Samen mit ihren rötlichen, hackig gekrümmten Fruchthaaren eine hübsche Quaste. Wenn wir die Pflanze näher betrachten, fallen die unterschiedlich großen Fiederblätter auf, saftiggrün auf der Oberseite, hellgrün auf der Unterseite.
Vom sehr verbreiteten Benediktenkraut sammeln wir die jungen Blätter im Frühjahr. Zu einer Gemüsesuppe werden sie fein geschnitten, weichgekocht, gedünstet und dann in der Kochbrühe fertig zubereitet.
Die aromatisch riechenden Blättchen werden, feingeschnitten, in kleinen Mengen auch Salaten zugesetzt.
Der Wurzelstock riecht aromatisch nach Gewürznelken und zählt zu den Heilmitteln gegen Darmkatarrhe, als Tinktur gegen entzündetes Zahnfleisch.

Der Feldthymian oder Quendel

Lippenblütler

Thymus serpyllum
Thym sauvage, Thym serpolet

Wenn von Wildgemüse die Rede ist, darf auch der Feldthymian als ausgezeichneter Aromaspender erwähnt werden. Die ausdauernde Zwergstaude klettert vielerorts über Steine, steinige Hügel, Trockenhänge, überall, wo die Sonne ungehindert ihre Strahlen hinsendet. Da bildet der Quendel oft ganze Teppiche, mit seinen kleinen, saftiggrünen Blättchen, an 20 bis 30 cm langen, kriechenden Ästchen. Zur Blütezeit im Juni–Juli formen sich unzählige kleine, violett-rosafarbige Blüten zu Kronen, die an kurzen Stengeln in den Blattachsen stehen.
In Sonnenstunden riechen wir das kräftige Aroma schon von weitem. Und wenn wir ein paar Zweiglein zwischen den Fingern verkrümeln, und den Duft einatmen, erweitert er uns die Lungen und regt unsere Lebensgeister an.
Die altbekannte Heilpflanze verwenden wir in der Küche, gleich wie den Gartenthymian, als Gewürz. Wir mischen ihn, fein geschnitten oder zerpflückt mit Blättchen und Blüten, mit leichter Hand, also spärlich dosiert in Salate, Suppen und über Tomaten, Fleischgerichte. Auch dem Schwarztee oder anderen Teesorten können wir zur Abwechslung ein paar Zweiglein beifügen. Kaninchenzüchter wissen, daß das Zufüttern von Quendel die Tiere vor Infektionskrankheiten schützt und dem Fleisch einen besonders aparten Geschmack verleiht.

Die Wasserminze – Bachminze

Lippenblütler

Mentha aquatica
Menthe aquatique

Leisten wir uns einmal das besondere Vergnügen, an einem sonnigen Julitag etwas ziellos einem Bachufer entlang oder in sumpfigen Wiesen zu flanieren. Große, blaue Libellen schweben in der Luft, oft knapp vor unserer Nase. Wenn wir vorsichtig zwischen Weiden, Schilf und blühenden Spierstauden weiterpirschen, entdecken wir in einem Tümpel plötzlich Enten und Wasserhühner, die hier ungestört um Futter zanken. Hier stoßen wir in Urgelände vor, Oasen der Natur, die sich seit Jahrhunderten unverändert erhalten haben. In solchen, leider immer seltener werdenden Biotopen, begegnen wir der Wasserminze, die wir bereits von weitem an ihrem Duft erraten. Die ausdauernde Staude treibt 30 bis 100 cm hohe, aufrechte, kantige Stengel. Sie tragen zahlreiche, kurz gestielte oval zugespitzte Blätter. Am Stengelende stehen in einem gedrängten, runden Köpfchen, hunderte kleiner lavendelblauer oder violetter Blüten. Unter den verschiedenen, wildwachsenden Minzenarten bietet die Wasserminze die feinsten Aromastoffe.

Das ätherische Öl der Wasserminze riecht milder als das Pfefferminzöl, weil es sehr wenig Menthol enthält.

Die vor der Blüte gesammelten Blätter der Wasserminze dienen als beliebte Würzzugabe. Frisch geschnitten in Salate erfreuen sie durch ihren erfrischenden Geschmack. Gequirlt geben sie ein herrliches Sommergetränk. Zerreibt man getrocknete Blätter mit wenig Essig, Zucker und Öl, entsteht eine Art Mint-Sauce, die in England zu fettem Fleisch gereicht wird.

Rezept S. 100

Die Wiesen-Sauerampfer Knöterichgewächse

Rumex acetosa

Oseille des prés

Die Kinder ländlicher Regionen kennen die Sauerampfer unter dem Namen «Guggisur». Sie knabbern im Frühjahr die jungen Blättchen, die sehr sauer schmecken und nicht besonders gesund sind (Oxalsäure). Als nahe Verwandte der Rhabarber, gedeiht die Sauerampfer sehr häufig mit zahlreichen Arten vom Tiefland bis in alpine Regionen.

Die ausdauernde Staude treibt aus einer starken Pfahlwurzel üppige Büschel langgestielter, hellgrüner Blattspieße. Im Frühling wachsen wenige, gerillte Stiele 50 bis 80 cm hoch und enden in reichlich verzweigten, karminroten Blütenrispen, die zwischen Gräsern und Hahnenfuß leuchtende Akzente ins Wiesengrün setzen. Am Stengel sitzen kleinere, umfassende Blätter. Mit dem Ende der Blütezeit tragen die reifen Früchte kleine Flügelchen, damit der Wind sie leicht forttragen kann. Sie sorgen für die starke Verbreitung dieser Pflanze, die fast überall vorkommt.

Die frischen, jungen Blätter enthalten neben der an sich giftigen Oxalsäure (die auch im Spinat vorkommt) reichlich Vitamin C und gelten daher als ein beliebtes Frühjahrgemüse.

Der säuerliche Geschmack weniger frischer Blätter gibt Suppen ein angenehm säuerliches Aroma. Stengelspitzen mit den Knospen dünstet man als Gemüse. Die ganzen Blätter kocht man zusammen mit Spinat oder milden, schleimhaltigen Kräutern zu geschätzten Beigaben zur Alltagskost.

Fische, zum Dünsten in Sauerampferblätter eingewickelt, schmecken vorzüglich.

Rezept S. 93

Der Feldahorn

Acer campestre
Erable champêtre

An geeigneten Standorten und auf günstigen Böden wächst der Feldahorn zum stattlichen Baum bis zu 15 m Höhe und kann über 100 Jahre alt werden. Häufiger aber finden wir ihn als Strauch in Wildhecken, im Unterholz oder an Waldrändern, wo er trockene, sonnige Lagen vorzieht.
Der Feldahorn formt stark belaubte Büsche, an denen sich Blätter, Blüten und Früchte reichlich entfalten. Die eleganten, fünflappigen Blätter sitzen auf verschieden langen Stielen, die oft rötlich angelaufen sind. Die bescheidenen, lindengrünen Blüten fallen kaum auf, umso mehr die Früchte – graufilzige Nüßchen, mit grünen, abstehenden Flügelchen. An der Form dieser Propellerchen erkennt man die verschiedenen Ahornarten.
Der Feldahorn führt in den Blattrippen und Stielen einen süßlichen Milchsaft. Das Blatt, Wappenzeichen Kanadas, enthält ebenfalls Zucker.
Die frischen Blätter werden dort zu einem Sirup gekocht.

Der Wiesenklee oder Rotklee

Schmetterlingsblütler

Trifolium pratense
Trèfle des prés

Ein Blick auf Naturwiesen, mit ihrer Vielfalt an Pflanzen und Farben, wo roter, rosaroter, weißer und gelber Klee zwischen Skabiosen und Glockenblumen blühen, zeigt uns unmißverständlich, wie die Wiesenflora auf überdüngten Feldern verarmt. Die Kleearten, sehr häufig wildwachsend, mit verschiedenen Sorten bis in Bergregionen von über 3000 m, sind sehr wertvolle Futterpflanzen. Mit ihren Wurzelknöllchen sind sie fähig, im Boden Stickstoff zu bilden.
Der Wiesenklee treibt 15 bis 40 cm lange, verzweigte Stengelchen. Die Grundblätter mit der bekannten Dreiblattform stehen an langen Stielen. Die saftiggrünen Blättchen sind in der Mitte mit einem charakteristischen, weißlichen Dreieck markiert. An den Stielenden blühen vom Frühjahr bis zum Herbst die winzigkleinen Röhrenblüten und bilden rosa oder purpurrote, runde oder eiförmige Köpfchen, die von 2 Hochblättchen getragen werden. Die jungen zarten Blätter verwenden wir wie Suppengrün oder kochen sie zusammen mit Gemüsen. Kinder saugen aus den abgezupften Blütenröhrchen den Nektar.
In Irland wird das trockene Kraut zu Mehl gemahlen und zu Brot verbacken.

Das Wald-Weidenröschen

Epilobium angustifolium
Epilobe à feuilles étroites

Von den rund 18 Arten von Weidenröschen in unserer Flora ist das Schmalblättrige das weitaus schönste und bekannteste. Wie wären die Waldlichtungen, Wegränder in Wäldern und Gebirgen, steinigen Abhänge öd und arm ohne dieses königliche Geschenk der Natur, mit den langen, purpurroten Blütentrauben, die sich auf schlanken, roten Stengeln im Winde wiegen.
Auf einem kriechenden Wurzelstock sprießen im Frühjahr faserige Schosse, die rasch wachsen und erste Blätter bilden. Der rötlich überlaufene Stengel trägt viele, schmale Blätter und wird über 1 Meter hoch. Sie sehen den Weidenblättern ähnlich, was auch zum Namen der Pflanze geführt hat. Vom Sommer bis im Herbst blühen unentwegt die großen purpurroten Blüten in einer langen Traube, an der sich unten schmale, lange Fruchtkapseln bilden, während oben noch die Knospen zum Aufblühen bereit stehen.
Wenn die reifen Fruchtkapseln aufspringen, quellen silberweise Federkrönchen heraus, die, vom Winde verweht, die Samen weitertragen.
Wir sammeln die jungen Triebe (Kenner graben die unterirdischen Sprossen), die wie Spargeln zubereitet werden können. Beliebt sind auch die jungen Blättchen als Salatbeigabe. Ihr säuerlicher Geschmack paßt ebenfalls gut zu Mischgemüsen.
Die getrockneten Blätter schätzt man als bekömmlichen, aromatischen Haustee und der Tee der getrockneten Blüten schmeckt nach Honig.

Rezepte schmackhafter Gerichte aus Wildgemüse

Bei der Zubereitung von Salaten, Suppen, Saucen und Gerichten aus Wildgemüse ist es wichtig, den natürlichen Geschmack der Pflanzen möglichst wenig zu verändern.
Darum haben wir Frau Heidy Grolimund, Hauswirtschaftslehrerin in Solothurn, gebeten, die nachfolgenden Rezepte auszuarbeiten. Sie bemüht sich seit Jahren um die Zubereitung schmackhafter Gerichte aus heimischen Pflanzen und Gewürzkräutern. Die empfohlenen Grundrezepte lassen sich mit verschiedenen Wildpflanzen herrichten. Beim Würzen ist der Eigengeschmack der Pflanze zu berücksichtigen. Wenig Salz, wenn nötig Gewürzkräuter heben das natürliche Aroma. Unser Büchlein «Gewürzkräuter» (Ott Verlag) gibt dazu wertvolle Anregungen.
Wir freuen uns, wenn Sie Ihre Mahlzeiten recht oft mit Leckerbissen aus eigener Ernte bereichern können.

Robert Quinche
Eugen Bossard

Maße:
lf = Eßlöffel
Tlf = Teelöffel
l = Liter
dl = 1/10 Liter

Suppen

Frühlingskräutersuppe

2–3 Handvoll gemischte, junge Wildgemüseblätter (Löwenzahn, Brennessel, Gundelrebe, Wegerich, Rapunzel, Huflattich, Lungenkraut, Wiesenschaumkraut)	erlesen, waschen, gut abtropfen lassen, grob schneiden

▷

3–4 lf Wasser	mit dem Wildgemüse im Mixer pürieren oder fein hacken
1 lf eingesottene Butter 2 lf Mehl	dämpfen
1 l Bouillon wenig Salz, Pfeffer	ablöschen, würzen und auf kleinem Feuer mind. 20 min leise kochen lassen, Gemüsepüre beigeben, kurz aufkochen
2–3 lf Rahm	vor dem Anrichten beigeben, mit Käsekräuterklößli servieren.

Kerbel-Crèmesuppe

1 l Wasser 1 Tlf Hühnerbouillon	zum Kochen bringen
250 g Kartoffeln in Würfeli geschnitten 200 g Lauch in Streifen geschnitten	beigeben und auf kleinem Feuer ca. 30 min weichkochen – pürieren und nochmals vors Kochen bringen
Salz, weißer Pfeffer	zum Würzen
4 lf Kerbel feingehackt 1½–2 dl Rahm oder Kaffeerahm	zum Binden und Verfeinern beigeben, vors Kochen bringen, anrichten und sofort servieren.

Da Kerbelsuppen und -saucen durchs Stehen die appetitlich grüne Farbe verlieren, sollten sie sofort serviert werden.

Dieses Rezept läßt sich auch mit jungen Blättern von Guter Heinrich, Wiesenschaumkraut, Giersch, Sauerampfer, Brennessel zubereiten.

Gedämpftes Gänseblümchen/Sauerampfergemüse

3–4 Handvoll junge Gänseblümchenblätter 3–4 Handvoll junge Sauerampferblätter	erlesen, waschen, gut abtropfen lassen
1 lf eingesottene Butter 1 Zwiebel feingehackt 1 lf Mehl	leicht erhitzen, Gemüse gut durchdämpfen, Zwiebel und Mehl beigeben und kurz mitdämpfen
1 dl Bouillon wenig Salz, Muskat, Liebstöckelblätter feingehackt	ablöschen und würzen, auf kleinem Feuer garkochen, Wildgemüse darf noch leicht knackig sein, restliche Bouillon abgießen
2–3 lf Crème gruyère oder Rahm	vor dem Anrichten zum Verfeinern beigeben, evtl. nachwürzen.

Dieses Rezept läßt sich auch mit jungen Bärlauch-, Giersch-, Löwenzahn-, Guter Heinrich-, Rapunzel-, Huflattich-, Brennessel- oder Weidenröschenblättern gemischt zubereiten.

Guter-Heinrich-Gratin

6–8 Handvoll junge Blätter von Guter Heinrich	erlesen, waschen, gut abtropfen lassen
1 lf eingesottene Butter 1 Zwiebel feingehackt	erhitzen und Wildgemüse gut durchdämpfen, Zwiebel beigeben und kurz mitdämpfen
1 dl Bouillon Salz, Muskat, Pfeffer	ablöschen, würzen und auf kleinem Feuer garkochen, Gemüse sollte noch leicht ▷

	knackig sein, restliche Bouillon abgießen, gut verdampfen und in befettete Gratinform füllen
1 kleines Büchsli Champignons blättrig geschnitten	unter den Guten Heinrich mischen
restl. Bouillon 1 lf Maizena ½ Becher Crème gruyère oder 1 dl Rahm	kurz aufkochen, mit Salz und Muskat würzen, über das Gemüse gießen, mit Reibkäse bestreuen und kurz im Ofen überbacken.

Brennessel-Soufflé

1 lf Öl 50 g kleine Speckwürfeli	leicht erhitzen und Speckwürfeli glasig braten
1 Zwiebel feingehackt 1 lf Peterli feingehackt 1 lf Wildkräuter feingehackt (Lungenkraut, Bärlauch, Kerbel, Liebstöckel, Feldthymian, Minze)	beigeben und kurz mitdämpfen
3 gestrichene lf Mehl 1½ dl Milch	beigeben, den Kloß kurze Zeit kochen, auskühlen lassen
4–6 Handvoll junge Brennesselblätter	erlesen, waschen, gut abtropfen lassen, feinhacken und unter den Mehlkloß mischen
3–4 Eigelb wenig Muskat, Pfeffer Salz nach Belieben	beigeben und gut vermischen
3–4 Eierschnee sehr steif	locker unter die Eiermasse mischen, in bebutterte, mit Paniermehl bestreute Auflaufform füllen und im

vorgeheizten Ofen bei Mittelhitze ca. 30–40 min backen.

Dieses Rezept läßt sich auch mit jungen Gänseblümchen-, Huflattich-, Löwenzahn-, Gierschblätter, Guter Heinrich und Alpenmilchlattich zubereiten.

Hopfentriebe à ma façon

500 g Hopfentriebe kochendes Salzwasser einige Tropfen Zitronensaft	erlesen, waschen und im kochenden Salzwasser knapp garkochen, auf feuerfeste Platte anrichten
1 dl Hopfensud 2 dl Milch 1 lf Fécule oder Maizena	kurz aufkochen
100 g Parmaschinken	feinhacken und unter die Sauce mischen
Salz, Pfeffer, Paprika 2–3 lf Crème gruyère oder Rahm	Sauce würzen und über die Hopfentriebe gießen
50 g Parmesan	darüberstreuen und im vorgeheizten Ofen bei guter Hitze ca. 10 min überbacken

Sauce Miracle zu Hopfentriebe

2 Eigelb 1 Becher Crème gruyère 1 Tlf Salz	zusammen gut vermischen, im Wasserbad solange schlagen, bis eine sämige Sauce von der Konsistenz einer Hollandaise entsteht – sofort in ein ausgekühltes Gefäß umgießen.

Gefüllte Tomaten mit Giersch (Baumtropfen)

4–8 Tomaten	waschen, aushöhlen,
1 Handvoll Giersch, junge Blätter	erlesen, waschen, gut abtropfen lassen, feinhacken und mit dem Tomatenmark vermischen
2 Eier zerklopft, wenig Salz, schwarzer Pfeffer, 1–2 lf Rahm oder Kaffeerahm	beigeben und vermischen, in die Tomaten füllen und im vorgeheizten Ofen ca. 25 min backen, bis die Eiermasse fest wird
1 lf Gierschblätter	feingehackt, vor dem Servieren über die Tomaten streuen.

Guter-Heinrich-Wähe

6–8 Handvoll junge Blätter von Guter Heinrich kochendes Salzwasser	erlesen, waschen und im kochenden Salzwasser blanchieren, auskühlen
400 g Blätterteig	ca. 3 mm dick auswallen und rundes Wähenblech (30 cm ∅) damit belegen, Teigrand muß 1 cm höher sein als Formenrand
2–3 rohe Kartoffeln	waschen, schälen, in ca. 3 mm dicke Scheiben schneiden, Teigboden damit belegen, Gemüseblätter darüber verteilen
100–200 g Speckwürfeli	darüberstreuen
2 Eier verklopft 1 Tlf Maizena 1 dl Rahm Salz, Pfeffer, Muskat, Paprika	gut vermischen und über die Wähe gießen, im vorgeheizten Ofen bei guter Hitze ca. 30–45 min backen.

Beide Rezepte lassen sich auch mit jungen Blätter von Alpenmilchlattich, Beinwell oder Brennesseln zubereiten.

Salate

Saucen für Wildsalate

❶

wenig Senf
1–2 lf Kräuteressig
3–4 lf Rahm oder Joghurt
je 1 Prise Bohnenkraut, Salz, Estragon, Thymian, Paprika
wenig Zwiebel feingehackt
Schnittlauch

❷

3 lf Quark
2 lf Zitronensaft
2 lf Öl
2–3 lf Milch
je 1 lf Fenchelkraut, Peterli, Zitronenmelisse, Boretsch feingehackt
je 1 Prise Salz u. Zucker
½ Tlf. Paprika

mit dem Schwingbesen gut verrühren

Wildsalate à l'orange

Sauce:

1–2 lf Zitronensaft
Salz, Pfeffer, wenig Senf
frischer Thymian feingehackt
⅓ Orangenschale mit Bircherraffel abgerieben
3–4 lf Sonnenblumenöl

mit Schwingbesen gut verrühren

1 Orange	schälen und in kleine Würfeli schneiden, zur Sauce geben
4–6 Handvoll junge Blätter von Guter Heinrich*	erlesen, waschen, gut abtropfen lassen und mit der Sauce vermischen

* Dieses Rezept läßt sich auch mit jungen Löwenzahnblättern oder gemischten Wildgemüseblättern zubereiten.

Löwenzahnsalat

6–8 Handvoll junge Löwenzahnblätter	erlesen, waschen, gut abtropfen lassen
2 lf Baumnußkerne	grob hacken
1 lf Zucker Sauce: 3 Eier	alle Zutaten vermischen hart kochen, schälen, Eigelb herauslösen und mit Gabel zerdrücken
½–1 Zitronensaft 4 lf Sonnenblumenöl Pfeffer, Paprika 1 Tlf Senf wenig Maggi-Würze Salz Schnittlauch feingeschn.	mit dem Eigelb gut vermischen und über den Löwenzahn gießen
Eiweiß gekocht	hacken, über den Salat streuen.

Löwenzahn-Apéritiv

400 g zarte Löwenzahnblätter 1 kleiner Sellerie 4 kleine Äpfel 4 kleine Rübli	waschen, evtl. rüsten und in kleine Würfel schneiden
2 Zitronensaft 1 Becher Joghurt nature	mit den obigen Zutaten im Mixer pürieren
1 dl Tomatensaft 1 dl Kaffeerahm einige Tropfen Tabasco 1 Tlf Selleriesalz	beigeben, abschmecken und so kalt als möglich servieren

Kräuterdrinks

Löwenzahnblüten-Sirup

100 g Löwenzahnblüten schön offen 50 g junge, frische Tannentriebe	waschen, gut abtropfen, im Mörser zerquetschen
4 dl destilliertes oder gekochtes Wasser	beigeben und an der Wärme 24 Std. stehen lassen, öfters umrühren
550 g Zucker evtl. Schale und Saft von 1 Zitrone	beigeben, 5 min auf kleinem Feuer kochen lassen, absieben und heiß in Flaschen abfüllen.

Comfrey-Gesundheitstrank (Green Drink)

6–8 große Beinwell- oder Comfreyblätter	grob zerkleinern, dann im Mixer feinhacken
1 Tasse kaltes Wasser	langsam im Mixer beigießen
1 Löffel Honig Tomatensaft oder Würze	mitmixen, wenn süß erwünscht, beigeben, wer es rezent lieber hat.

Maitrank (altes Klosterrezept)

1 Handvoll Waldmeister (mit wenig Blüten) 1 Handvoll Walderdbeerblätter, einige Blätter Gundelrebe und eventuell Cassisblätter	erlesen, waschen, gut abtropfen lassen, grob schneiden, in leicht erwärmte Porzellanschüssel geben
150 g Puderzucker	darüberstreuen und zugedeckt 2 Std. ruhen lassen ▷

3 l guter Weißwein	dazugießen, nochmals 3 Std. ziehen lassen, absieben und in Flaschen füllen.

Maitrank nur nach den Mahlzeiten trinken, da er verdauungsfördernd und sehr anregend wirkt.

Minzen-Bowle

2 große Büschel frische Wasserminze	waschen, gut abtropfen lassen und grob schneiden, einige kleine Blättchen weglegen
1 l Süßmost naturtrüeb oder Weißwein	darübergießen und zugedeckt 6–8 Std. an der Kälte stehen lassen
2 l Süßmost naturtrüeb 1 Zitronensaft evtl. einige Tropfen Assugrin	beigeben und abschmecken
1–2 l Henniez	beigeben, sofort servieren, evtl. in jedes Glas ein frisches Wasserminzeblättchen geben.

Minzen-Limonade (altenglisches Rezept)

¼ l frische Wasserminze	waschen, feinhacken und leicht quetschen
1½ dl kochendes Wasser	darübergießen
1 Zitronenschale gerieben 6 Zitronensaft 3 Orangensaft 250 g Zucker	beigeben und vermischen, einige Male umrühren, in gut verschließbare, weithalsige Glasflasche geben, vor Gebrauch 2–3 Tage durchziehen lassen

Auf 1 Teil Limonade jeweils 3 Teile Eis- oder Sodawasser geben – schmeckt sehr erfrischend.

Register der deutschen, französischen und lateinischen Pflanzennamen

In der gleichen Reihe erschienen:

Ein weiteres Buch des unermüdlichen Pioniers im Dienste der Volksgesundheit. 108 Seiten, 41 farbige Zeichnungen. Broschiert.

Robert Quinche, ein wahrer Dichter, wenn es um Pflanzen geht, berichtet über Wildfrüchte. 112 Seiten, 44 farbige Zeichnungen. Broschiert.

Jahrzehntelang bewährt hat sich dieses Buch über die Heilkraft der Natur. Vom Wissenschaftler geschrieben, für uns alle verständlich. 196 Seiten, 152 farbige Zeichnungen. Broschiert.

Ott Verlag Thun / Schweiz